AF224676

MÉMOIRE

JUSTIFICATIF DE LA VILLE

DE BLAYE.

CONTRE les allégations peu fidelles de celle de Bourg.

LA ville de Blaye & la majorité des Electeurs du sixieme District du Département de Gironde, ont été inculpés auprès du Comité de constitution :

C'est d'après ces inculpations que le Comité de Constitution a rendu, sur la seule réquisition de deux Electeurs de Bourg, un avis, le vingt-six Juin dernier, qui renvoie aux administrateurs du département de Gironde, la commission de faire connoître le leur, motivé sur les opérations de l'assemblée électorale du sixieme District, relativement à la fixation de son chef-lieu, à Bourg ou à Blaye.

La majorité des électeurs du sixieme District du département de Gironde, quoique surprise de voir contre la teneur des décrets un inter-

A

mediaire entre fon procès-verbal & l'Affemblée Nationale, ne redoute pas les yeux clair-
voyants des adminiftrateurs du département,
mais bien plutôt des delais, qui, fortis hors
de la loi, peuvent irriter les efprits, & fo-
menter des divifions capables d'incendier toute
la contrée.

Dans cette crainte, elle a députe deux de
fes électeurs vers le Comité de Conftitution, pour le fupplier d'accueillir le verbal,
qui contient l'expreffion de fon vœu libre,
& réfléchi, d'ordonner qu'il reffortira fon
entiere exécution, de maniere à faire rendre
un décret qui prefcrira, aux Electeurs du
fixieme diftrict du département de Gironde,
de fe rendre inceffamment à Blaye, pour y
procéder à la nomination des adminiftrateurs
de ce diftrict, & y voter librement fur la
fixation du tribunal, dans l'intérêt des jufticiables.

Pour ne laiffer aucun doute fur l'équité de
leurs demandes, les députés extraordinaires de
la majorité des Electeurs du fixième diftrict,
du département de Gironde, vont mettre fous
les yeux du Comité de Conftitution, avec
autant de fimplicité que de loyauté le tableau
de la conduite des Electeurs de Bourg.

[3]

L'expofé net des faits, mettront à portée le Comité de Conftitution de prononcer de quel côté ont été la cabale & l'intrigue.

Les députés à l'Affemblée Nationale appartiennent fans doute à tout le royaume, mais Blaye ne peut diffimuler, que Bourg n'ait eu des deffenfeurs en plus grand nombre & plus intereffés à fa gloire qu'à celle de Blaye, d'après cela, Bourg a du moins des avantages réels dansl 'Affemblée Nationale.

Auffi la première opération de la politique des députés de Bourg, a été de rendre problématique la queftion, & d'obtenir un décret qui renvoye la décifion de cette affaire aux Electeurs eux-mêmes des contrées deftinées à former un Diftrict à Bourg ou à Blaye.

Blaye ne s'attendoit pas qu'étant au centre des quatre contrées deftinées à former un Diftrict, ayant une contribution triple de celle de Bourg, une population double, deux chemins royaux qui aboutiffent à elle, deux paroiffes dont la moindre furpaffe celle de Bourg, affez de logement & de moyens de fubfiftance pour favorifer la tenue des affemblées du département; elle ne s'attendoit pas que Bourg excentrique aux quatre contrées, inabordable par fes mauvais chemins, fans reffources pour les fub-

fiftances, elle ne croyoit pas que Bourg dût
être fa rivale, dans un temps où les coups
d'autorité avoient difparus devant une Conftitution fondée fur les droits de l'homme , de
l'équité & de la raifon. Auffi la ville de Blaye
s'eft-elle uniquement appuyée fur la nature
de fes droits , peu foufciante fur les petits
moyéns que Bourg employoit pour fuppléer à
ce qui lui manquoit du côté de la juftice.

Avant le fuccés que Bourg a obtenu par le
décret de l'Affemblée Nationale, du fix Fevrier
dernier , des Emiffaires ont été envoyés à
Saint-André , dans un moment où les loix dans
le filence , étoient repréfentées par des Electeurs
que le peuple avoit proclamés dans fon enthou-
fiafme. MM. de Bourg font affez adroits pour
faire figner à trois de fes Electeurs un mémoire , où il eft dit que Blaye ne peut être
un chef-lieu de Diftrict, qu'il n'y a pas de
route de communication entre Blaye & Saint-
André , qu'il faut par conféquent préférer Bourg
à Blaye.

En lifant le mémoire de Bourg , on croi-
roit que le grand chemin de Blaye à Saint-
André à difparu tout-à-coup , pour être tranf-
porté fur la route de Bourg à Saint-André ,
& de Bourg à Blaye , mais fi Bourg avoit

[5]

tant foit peu de pudeur dans l'articulation
des faits, il diroit que le grand chemin de
Blaye à Saint-André, exifte depuis trente
ans, que les difficultés de le faire paffer à
Bourg, ne pouvans fe lever qu'au moyen de
dépenfes énormes, déterminèrent l'adminiftration à allonger ce chemin d'une lieue, ainfi
les mauvais chemins que les Electeurs de
Bourg fuppofent, pour détourner Saint-André
d'aller à Blaye, militent néceffairement contre
Bourg, puifqu'il eft inabordable de tous les
côtés.

On peut lire dans le verbal de l'affemblée
Electorale, dépofé fur le bureau, que les dé-
marches des électeurs de Bourg à Saint-André,
leur ont été reprochées, & qu'on leur a
obfervé en pleine affemblée que les commu-
nautés du Cubjaguais, avoient reconnu que
Bourg étoit abfolument inhabile pour tout éta-
biffement public. *Voyez le verbal.*

Bourg, fentant qu'il eft excentrique, aux
quatre contrées deftinées à former le fixième
Diftrict du département de Gironde, s'eft jeté
vers le midi, & a obtenu que quatre paroiffes du Fronfanais, & deux de l'entre deux
mer, feroient partie de ce Diftrict à leur
choix.

[6]

Mais la preuve que ces difpofitions ont été faites fans confulter les paroiffes , ou qu'elles ne fe font prêtées à cet arrangement que par quelques fecrets refforts , c'eft qu'auffitôt la clôture du verbal de l'Affemblée Electorale du Diftrict, qui en fixe le Chef-lieu à Blaye, elle fe font données au diftrict de Li-bourne (1).

Pourfuivons la démonftration des intrigues des Electeurs de Bourg. L'Affemblée électorale du Département , ne fut pas plutôt en exercice à Bordeaux, que les Electeurs de Bourg répandoient dans l'Affemblée un imprimé, véritable libelle ; ils parurent après à la tribune, pour demander que l'Affemblée Electorale jugeât elle-même la difficulté de Blaye & de Bourg.

Sur cette pétition , contraire à la teneur du décret du 6 Février dernier , l'Affemblée Electorale déclara n'y avoir lieu a délibérer , & renvoya les Electeurs intéreffés à la chofe, à prononcer eux-mêmes à la fin des féances de l'Affemblée Electorale.

---

(1) *Voyez la lettre des Electeurs du Diftrict de Libourne , au Maire de Blaye.*

On auroit du s'attendre qu'une décision aussi sage, auroit été applaudie par les Electeurs du Bourgès, point du tout, leurs efforts vont redoubler à proportion que la crainte de la défaite approchera. Deux Députés de Bourg, pris dans l'Assemblée Electorale du Département, oubliant la mission dont ils étoient chargés, partent pour Paris, se présentent au Comité de Constitution, & sous prétexte d'éclairer le jugement, demandent que les administrateurs du Département donnent leurs avis motivé sur les opérations des Electeurs du District dont il est question.

Ce ne sont pas des lumières que demandent les Electeurs de Bourg, ce sont des délais, c'est le tems de machiner de nouvelles intrigues ; ils espèrent, par leur résistance & leurs incidens, lasser la patience de Blaye, & obtenir le partage des établissemens publics.

Bourg se trompe, les établissemens publics ne sont ni pour Bourg ni pour Blaye, ils sont, comme ils en convienent eux-memes, dans un mémoire qui ne contient que cette vérité, pour les administrés & pour les justiciables.

Les administrés ont choisi Blaye pour être chef-lieu dudistrict, & il y a apparence que Blaye leur convient mieux sous tous les

rapports, fans quoi Saint-Ciers dans le Vitre-
zai, Berson dans le Blayois, bien plus peuplés
que Bourg, euffent pû demander d'être chef-
lieu du District. On auroit pu dire à Berson,
vous êtes plus au centre que Bourg, vous payez
plus d'impositions, vous êtes plus peuplé,
mais les administrés & les justiciables ne
trouveroient pas chez vous les refources des
fubfiftances; vous ne pouvez nous convenir.
Berson auroit pris condamnation, parce que la
raifon l'eût exigé ainfi, l'intérêt perfonnel
devant céder à l'interêt public.

Il n'en fera pas de même de Bourg, quoique
dans une cathégorie moins favorable que Ber-
fon, ne réuniffant aucune des trois bafes pref-
crites par les décrets de l'Affemblée Nationale;
appuyés fur de puiffans protecteurs, ils feront
un éclat fcandaleux, que les loix en vigueur
réprimeroient fans doute.

La difcuffion fermée, le fcrutin dépouillé
le réfultat connu, voyant le diftrict perdu
pour eux; ils efpèrent obtenir le tribunal, ils
fortent de l'Affemblée, en proteftant contre
toutes les opérations ultérieures; on les fomme
de refter pour finir la délibération prefcrite
par les décrets, qui ordonnent de voter pour
le partage ou pour la réunion des établiffemens,

[9]

la sommation eft inutile, & l'Affemblée, conduite par un efprit de prudence & de paix, ne
voulant pas fe fervir de fes forces, mais defirant
écarter toute idée de coalition & de par-
tialité, s'eft contentée de rendre refponfables
les Electeurs du Bourgés des malheurs que
leur retraite de l'Affemblée électorale du Diftrict pourroit occafionner dans la contrée,
faute d'adminiftrateurs enveloppés de l'opinion
publique.

Les députés de la majorité des Electeurs
des contrées deftinées à former le fixième Dif-
tricts du département de Gironde, dénoncent
à l'Affemblée Nationale, cette conduite auffi
illégale, que préjudiciable au bon ordre. Il
feroit étonnant en effet, que la retraite in-
confidérée du Bourgés put tourner à fon
défavantage. Comment une partie des Electeurs légalement affemblés pour délibérer fur
la réunion, ou fur le partage des établiffemens
fuivant le décret du 6 février dernier fe
retire ! Celle qui refte, à la fageffe, on peut
dire la prudence, d'oublir des droits qu'elle
avoit de déterminer elle-même, le lieu propre à ces établiffemens pour ne fuivre que
les confeils de l'affemblée légiflative. Et on
lui en feroit un crime, & fa foumiffion,
fa réferve, feroient autant d'armes dont fe

ferviroient fes adverfaires ; non , on ne peut
fuppofer une telle prévarication , fans fuppofer une injuftice. L'Affemblée Nationale en
eft incapable , elle ordonnera donc aux Electeurs du diftrict du Département de Gironde
de s'affembler à Blaye pour y procéder à l'E-
lection des adminiftrateurs du diftrict , & de
manifefter leur vœu fur le lieu qui leur pa-
roîtra le plus convenable pour la fixation du
tribunal.

Tout autre jugement fait violence à la loi.
Il l'a compromettroit dans l'efprit du peuple
& donneroit lieu à des murmures toujours
trop proches de l'infurrection ; ainfi, quelque
foit l'avis de l'adminiftration du Département
de Gironde , le verbal des Electeurs du fixième
Diftrict de ce Département doit être confirmé ,
& le décret du 6 Février avoir fon exécution.

Mais , difent les Electeurs de Bourg , la
demande que Saint-André à faite d'un hui-
tième diftrict , à dénaturé les difpofitions du
décret du fix février dernier , Blaye a manifefté
fes bonnes difpofitions à fon égard , parcon-
féquent, les Electeurs du Blayois & du Cubjaguais ne doivent pas prononcer fur cette
affaire , c'eft au département à donner fon avis
qui pourra décider le rapport du Comité de
Conftitution.

Si des fophifmes de cette efpece pouvoient tenir lieu de raifon, tous les décrets feroient bientôt renvérfés, le droit du peuple anéanti, les élections ne fe faifant que dans la réunion des efprits.

L'Affemblée Nationale l'avu de même, elle a connu la pétition de Saint-André, l'accueil favorable de la ville de Blaye à cette petition, & loin de condamner l'une & l'autre, elle a renvoyé à l'adminiftration du département l'examen de la demande de Saint-André, pour péfer dans fa fageffe s'il ne feroit pas d'une politique bien entendue de former un huitieme Diftrict pour balancer la trop grande influence que ceux de Bordeaux pouroient avoir dans le fiftême politique du département, mais l'opinion de Blaye à cet égard ne peut ôter aux électeurs du fixieme Diftrict du département de Gironde le droit de déterminer le lieu qui fera le plus commode aux jufticiables pour la fixation du tribunal, comme ils l'ont déjà arrêté pour la fixation du chef-lieu de Diftrict dans l'intérêt des adminiftrés.

Le bien qui pouroit arriver à Saint-André, fera toujours un objet de fatisfaction pour Blaye. Que Bourg préfente à Blaye quelques moyens de fortir de fon inertie, fans être préjudiciable aux adminiſtrés du Diſtrict dont il s'agit ; elle verra que Blaye eſt une voiſine auſſi loyale que généreuſe à oublier ſes mauvais procedés, mais qu'elle ne lui ſache pas mauvais gré de s'oppoſer à ce que tout une contrée ne ſoit ſacrifiée à la vanité de ſes prétentions.

D'après ces différentes conſiderations, l'Aſſemblée Nationale eſt ſuppliée, au terme du verbal des électeurs du ſixieme Diſtrict du département de Gironde, de fixer irrévocablement le chef-lieu de ce Diſtrict à Blaye, comme étant le vœu de la majorité des électeurs, & d'ordonner que, ſuivant le décret du ſix fevrier dernier, les électeurs de ce diſtrict s'aſſembleront de nouveau pour nommer leurs adminiſtrateurs, & délibérer ſur le lieu le plus propre à contenir le tribunal de juſtice dans l'intérêt des juſticiables.

SIOZARD , Curé de Saint-Romain de Blaye
AUBERT , Major Général de Vitrezay.

} *Députés extraordinaires.*

De l'Imprimerie de BOULARD , Imprimeur de la Commune de Saint-Roch, rue neuve Saint-Roch, n° 51.